Doris Orgel

Mein Ein und Alles für immer und ewig

OMNIBUS

DIE AUTORIN

Doris Orgel wurde 1929 in Wien geboren. Im Alter von neun Jahren floh sie mit ihren Eltern vor den Nationalsozialisten. Über Jugoslawien und England kam sie schließlich in die USA. Bevor sie begann eigene Kinderbücher zu schreiben – bis heute liegen über dreißig Titel vor –, übersetzte sie deutsche Märchen ins Englische. Ihr Buch »Der Teufel in Wien«, (OMNIBUS Nr. 20024), eine stark autobiografische Erzählung, wurde mehrfach ausgezeichnet und stand auf der Auswahlliste des Deutschen Jugendliteraturpreises. Heute lebt die Autorin, verheiratet mit einem Psychiater und Mutter von drei erwachsenen Kindern, in New York.

ÜBER DIESES BUCH

Rebekka und ihre Katze Schnurrhaar sind ein Herz und eine Seele. Wenn das Mädchen von der Schule nach Hause kommt, empfängt die Katze sie oft schon an der Tür. Hin und wieder entwischt Schnurrhaar zwar, aber schließlich braucht jeder mal einen Tapetenwechsel. Eines Tages kehrt die Katze verletzt von einem solchen Ausflug zurück. Peter, der neue Freund von Rebekkas Mutter, wird zu Hilfe geholt. Er ist Tierarzt und besteht darauf, dass Schnurrhaar in eine Tierklinik gebracht wird. Doch auch hier kann ihr niemand mehr helfen. Das Schlimmste passiert: Schnurrhaar stirbt. Rebekka ist verzweifelt und verstört, und als einer ihrer Mitschüler auch noch eine dumme Bemerkung macht, schlägt sie ihn. Es gibt eben Zeiten, da kommt alles auf einmal.

Eine Tiergeschichte – aber auch eine Geschichte darüber, wie man mit anderen zusammen Schwierigkeiten leichter meistern kann.

Doris Orgel

Mein Ein und Alles für immer und ewig

Aus dem Amerikanischen
von Maria Rosken

Mit Illustrationen von Irmtraud Guhe

OMNIBUS

OMNIBUS

Der Taschenbuchverlag
für Kinder und Jugendliche
von C. Bertelsmann,
München

Band 20266

Von Doris Orgel ist bei
OMNIBUS erschienen:
Der Teufel in Wien (20024)

Umwelthinweis:
Dieses Buch wurde auf chlorfrei gebleichtem
Papier gedruckt.

Genehmigte Taschenbuchausgabe April 1997
Gesetzt nach den Regeln der Rechtschreibreform von 1996

Die Originalausgabe erschien unter dem Titel
»Whiskers Once and Always«
bei Viking Penguin Inc., New York

Übersetzung: Maria Rosken
Umschlagbild: Irmtraud Guhe
Umschlagkonzeption: Klaus Renner
kk · Herstellung: Stefan Hansen
Satz: Uhl + Massopust, Aalen
Druck: Presse-Druck Augsburg
ISBN 3-570-20266-6
Printed in Germany

10 9 8 7 6 5 4 3 2 1

Inhalt

Doing!

Ich schlug Jason Abeloff, richtig feste, *doing!* Wegen dem, was er zu mir gesagt hatte. Genau in dem Augenblick, als meine Faust auf seiner Nase landete, kam unsere Lehrerin, Frau Feld, herein.

»Becky, ich bin entsetzt!«, rief sie. »Das ist ja nicht zu glauben!«

Ich konnte es selbst kaum glauben. Noch nie hatte ich jemanden geschlagen. Och, höchstens Michael ein paar Mal. Aber nur auf den Arm und nur so im Spaß …

»Jason, was hast du Becky getan?«, fragte Frau Feld.

»Nichts. Ehrlich! Ich habe sie nicht mal berührt!«

»Stimmt das, Becky?«

»Ja …«

Dann sah ich das Blut. Es rann Jason an Mund und Kinn herunter und auf sein Hemd. Auf seinem Hemd war ein Bild von Dracula. Auf Draculas Stirn und seinen großen, langen Zähnen war Blut, echtes Blut. »O nein! Mein Lieblingshemd!«, sagte Jason.

Frau Feld nahm einen Packen Kleenextücher und hielt sie ihm unter die Nase. »Lauf schnell einer zum Sanitätsraum und hol mir einen Eisbeutel!«

Ich bot mich an.

»Du nicht, Becky, du bleibst hier.«

Sie schickte Melanie nach dem Eisbeutel. Jason trug sie auf, sich hinzusetzen, und legte ihm den Eisbeutel in den Nacken, und sie befahl ihm, sich die Nase zuzuhalten und nur durch den Mund Luft zu holen. Schließlich hörte das Nasenbluten auf.

»So, alle setzen sich jetzt wieder an ihren Platz«, sagte Frau Feld. »Ausgenommen Becky Suslow. Du schuldest mir noch eine Erklärung.« Und sie fragte mich: »Warum hast du Jason geschlagen?«

»Hm, weil ...« Ich bin so gut wie nie um Worte verlegen. Aber jetzt stand ich nur mit offenem Mund da, wie eine Trottelin. So als hätte ich das Reden verlernt.

»Weil was? Heraus damit, Becky. Ich habe nicht den ganzen Tag Zeit.«

»Hm, Jason hat was zu mir gesagt ...« Mein Gesicht brannte.

»Ich warte«, sagte Frau Feld. »Was hat er gesagt?«

Etwas Scheußliches. Eher hätte ich Frau Feld erzählt, was an den Wänden der Mädchentoilette stand, als was Jason zu mir gesagt hatte.

Alle warteten mit angehaltenem Atem. In unserem Klassenzimmer war es so still, dass man einen Goldfisch hätte schwimmen hören können.

Rrrrinnng! Die Glocke schellte, und zwar so laut, dass es mir in den Knochen rasselte.

»Gut, Becky, geh an deinen Platz.« Frau Feld fing an die Anwesenheitsliste durchzugehen: »Abeloff, Baker, Canillo, Chavez ...« Als sie zu Suslow kam, sagte sie: »Du meldest dich in der Pause bei mir.«

In der Pause ging ich zu ihr ans Pult. Durch das Fenster konnte ich die Eiche auf dem Schulhof sehen. Und ich konnte den Ball sehen, als jemand ihn hoch in die Luft warf.

Frau Feld sagte: »Ich verstehe das nicht. Du benimmst dich doch sonst so vernünftig und anständig in der Schule. Was hat dich bloß zu einem solchen Benehmen veranlasst? Willst du es mir jetzt erklären?«

»Ich kann nicht, Frau Feld. Ich kann einfach nicht.«

»Warum nicht? So schlimm kann es gar nicht gewesen sein.«

Doch, das war es. Der bloße Gedanke daran – und das schreckliche Bild stand mir vor Augen. Ich hatte Angst, dass das Bild für alle Zeiten in meinem Kopf festsaß, wenn ich es erzählte.

Frau Feld klopfte mit dem Bleistift auf ihr Pult. Klopf, klopf. »Nun, wenn du es mir nicht sagen willst, dann muss ich dich zu Du-weißt-schon-Wem schicken.«

Zu Herrn Bruzzo, dem »Brutalo«. Dem Rektor unserer Schule.

Wenn wir Schulversammlung haben oder wenn er die Klassen besucht, dann sagt er immer: Um Rektor zu sein, gehöre mehr dazu, als die Kinder zu bestrafen, und wir brauchten keine Angst vor ihm zu haben. Aber es werden immer nur dann Schüler zu ihm ins Büro geschickt, wenn sie in irgendwelchen Schwierigkeiten stecken. Und er ist riesig, wie ein Büffel. Seine Brust schwillt dann an, seine Stimme wird dröhnend laut, tief und donnernd laut. Seine Schritte machen »klonk«, wenn er den Gang entlanggeht; man kann ihn schon von weitem hören. Und wenn Schüler aus seinem Büro herauskommen, dann haben sie einen merkwürdigen Ausdruck in ihren Gesichtern und wollen nicht damit herausrücken, was drinnen vorgegangen ist …

Nämlich das, was immer passiert, wenn man zu Herrn Bruzzo geschickt wurde: Er ruft deine Eltern an und einer von ihnen wird in die Schule zitiert.

Na ja, mein Vater lebt in einer anderen Stadt, dreitausend Meilen weit weg. Also trifft es meine Mutter. Oh, wow! Ich sehe ihr Gesicht direkt vor mir!

Mama ist Ärztin. Sie arbeitet in einem Krankenhaus. An manchen Tagen hat sie so viel zu tun, dass sie sich mittags nicht mal Zeit für eine Pause nimmt. Sie isst ihr Sandwich oder Jogurt und Obst, während sie Visite bei den Patienten macht.

Frau Feld weiß das. Sie hat gesagt: »Ersparen wir

deiner Mutter den Ärger. Machen wir es unter uns aus.« Und wieder fragte sie mich: »Was hat Jason zu dir gesagt?«

Ich beschloss mich zu überwinden und es ihr zu sagen. Schnell, damit ich es hinter mir hatte. »Er hat gesagt, dass ich …« Klar und grell leuchtete in meinem Kopf das Bild auf, wie alle ihre Taschentücher zückten und besonders nett zu mir waren …

Frau Feld strich mir über die Stirn. »Becky, ist alles in Ordnung mit dir?«

Ich nickte.

»Stimmt vielleicht sonst was nicht, außer der Sache mit Jason? Ist zu Hause irgendetwas passiert?«

Ja, ja, ja und wie! Aber ich schüttelte den Kopf. Denn wenn ich es ihr erzählt hätte, dann hätte ich einen ganzen Fluss voll Tränen geheult und ich hätte nie mehr aufhören können.

Frau Feld legte die Stirn in Falten. Sie schlug ihr Lehrerheft auf. »Mehr Zeit kann ich dafür nicht aufbringen. Ich muss mich jetzt wieder an die Arbeit machen. Aber ich weiß was: Wenn du es mir nicht sagen kannst – vielleicht kannst du es ja aufschreiben. Warum versuchst du es nicht wenigstens mal?«

Ich wusste, dass ich es nicht fertig brachte. Nicht in Millionen Jahren. Ich setzte mich auf meinen

Platz. Ich schaute aus dem Fenster zum Baum auf dem Schulhof.

»Du fängst am besten gleich an«, sagte Frau Feld.

Ich fing an den Wipfel des Baums aufzumalen. Er sah kahl aus. Am liebsten hätte ich auf einen der Zweige eine Katze gesetzt. Ich kann nämlich ziemlich gut Katzen malen. Das habe ich schon gelernt, als ich noch klein war. Ich begann den Kopf und die Ohren zu malen – nein, lieber nicht. Ich knüllte das Papier zu einer Kugel zusammen.

Frau Feld sah zu mir herüber. Sie dachte, ich hätte angefangen zu schreiben. »Fang am besten gleich noch mal von vorn an. Viel Zeit hast du nicht mehr.«

Als die Pause vorbei war, hatte ich nichts zu Stande gebracht, was ich ihr hätte aushändigen können.

Sie wurde wütend. »Also gut, dann schreibst du es

zu Hause. Mit Tinte, bitte schön. Und zwar mindestens zwei Seiten. Ich verlange eine vollständige Erklärung. Und deine Mutter unterschreibt das Ganze. Wenn es morgen früh nicht auf meinem Tisch liegt, dann gehst du zu Herrn Bruzzo. Ist das klar?!«

Als alles noch in Ordnung war

Letzten Mittwoch war noch alles in Ordnung. Das ist noch keine Woche her, aber mir kommt es wie eine Ewigkeit vor. Ich hatte weit und breit keine Sorgen. Mama und ich saßen wie immer im Flur in unserem blauen Samtlehnsessel und genossen unsere Zeit und lasen *Millionen Katzen*. Das ist eigentlich ein Buch für Kleine, aber mir gefällt es noch immer. Mama auch.

Schnurrhaar lag ausgestreckt bei uns auf dem Schoß. An dem Tag muss sie extra viel Zeit darauf verwendet haben, sich zu putzen. Ihr schwarzes Fell glänzte nämlich besonders schön. Ihre Vorderpfoten, die bis zu den Knien weißen Hinterbeine und der Fleck um Kinn und Mund waren weiß wie Schnee. Ihr Kopf lag auf meinem Schoß, mit dem Hinterteil lag sie auf Mamas Schoß. Ihre Barthaare berührten die Innenseite meines Arms. Das ist ein wundervolles Gefühl. Sie schnurrte.

Schnurren ist eine verblüffende Sache. Nur Kat-

zen können es. Aber wie sie es machen, das weiß kein Mensch.

Wir kamen zur letzten Seite und sagten den Schluss zusammen auf:

»›Hunderte Katzen,

Tausende Katzen,

Millionen, Billionen, Trillionen Katzen.‹«

Im Takt mit diesen Worten rieben Mama und ich unsere Nasen aneinander und wir lachten, genau wie früher, als ich noch klein war.

Schnurrhaar sah uns mit ihren grün-gelben Augen an. Benehmen sich menschliche Wesen nicht manchmal albern? Mit einem eleganten Satz sprang sie hinunter und steuerte auf mein Zimmer zu, wobei sie im Laufen den Schwanz hin- und herbewegte. Sie hatte ja einen so federleichten Gang und war so schnell auf ihren vier Pfoten!

Am nächsten Tag sind Melanie Rosen, Kyra Farris und ich nach der Schule zusammen zu Melanie gegangen. Wir drei sind in diesem Schuljahr dick befreundet.

Wir haben unsere Naturkundearbeit über Meteore und Kometen fertig geschrieben. Melanie und Kyra wollten, dass ich den Einband mache. Dazu nahm ich schwarzen Karton und malte dunkelblaue und violette Streifen darauf, damit es aussah wie ein Nachthimmel. Die Meteore malte ich orangefarben, die Kometen zartgelb mit hellgrünen und weißen Streifen. Die Schweife sollten eigentlich mehr silbrig werden. Aber wir hatten keinen silberfarbenen Stift.

Mittendrin kam Melanies Vater herein. Als er mir über die Schulter sah, fiel mir der Malstift aus der Hand und ein Kometschweif schoss geradewegs vom Papier herunter.

Herr Rosen dachte, es wäre Absicht. Er sagte: »Der Komet da sieht phantastisch aus, Becky.«

Als er aus dem Zimmer ging, haben wir uns alle drei oben auf Melanies Etagenbett gezwängt. Kyra hat ihre Haarschleife herabbaumeln lassen, um Melanies Katzen Ming und Tang auch heraufzulocken. Und wir haben Katzenschloss gespielt. Das obere Bett war das Schloss. Das untere Bett war das Verlies für die Gefangenen. Unsere Gefangenen waren Melanies alte Puppen und ihr kleiner Bruder Josh, der so lange herumquengelte, bis wir ihn mitspielen ließen. Der Fußboden war der Burggraben, in dem Burggrabenmonster (Josh' Plastikalligatoren-Sammlung) hausten. Ming und Tang waren die Katzenprinzessin und der Katzenprinz, und Melanie, Kyra und ich waren abwechselnd die Königin.

Um sechs Uhr hat Mama mich auf ihrem Nachhauseweg von der Arbeit mitgenommen.

Normalerweise bereitet Frau Gallo das Abendessen für uns vor. An Frau Gallos freien Tagen essen wir Pizza oder Suppe und belegte Brote. Aber Mama sagte, sie hätte Lust auf etwas Leckeres, also hat sie beim Fleischer gleich in der Nähe vom Krankenhaus

Halt gemacht und Hähnchenschnitzel gekauft. Was ich von Hähnchen à la Naomi hielte?

Das Rezept hat sie selbst erfunden. »Hört sich gut an«, sagte ich.

Als wir zu Hause angelangt waren, kam nur Leah an die Tür. Sie strich um unsere Füße und streifte mit dem Schwanz unsere Beine. Das hat sie von Schnurrhaar, ihrer Mutter, gelernt.

Ich bückte mich und strich ihr über den Rücken bis hoch zum Schwanz. »He, Leah, wo steckt denn deine Mama?«

Ich dachte, dass Schnurrhaar entweder in meiner Pulloverschublade lag und ein Nickerchen machte oder oben auf dem Kühlschrank und mit dem Surren, das der Kühlschrank macht, vor sich hin schnurrte. Das waren nämlich ihre zwei Lieblingsplätze. Oder vielleicht war sie ja auch draußen …

Das klägliche Maunzen

Mama und ich haben oft über das Thema geredet, ob man Katzen im Haus halten oder sie nach draußen ins Freie lassen soll. Mama sagt, wenn man in einer Großstadt wohnt, ist man es seinen Katzen schuldig, sie im Haus zu halten wegen dem vielen Verkehr und weil sie verloren gehen können und anderem Ärger, den sie sich draußen auf den Straßen einhandeln können.

Also haben wir uns immer alle Mühe gegeben, Schnurrhaar im Haus zu halten. Aber manchmal ist sie entwischt, auch wenn das Fenster nur einen Spalt offen stand. Ich dachte mir, wenn sie sich extra anstrengte und sich so klein machte, dann muss sie wirklich unbedingt nach draußen gewollt haben. Schließlich braucht jeder von Zeit zu Zeit einen Tapetenwechsel. Und vielleicht hatte sie ja Katzenfreunde in der Nachbarschaft und sie machten sich eine schöne Zeit, wenn sie sich versammelten. Jedenfalls war sie immer bester Laune, wenn sie dann wieder nach Hause kam.

Mama holte den Klopfer aus Holz hervor, um die Hähnchenschnitzel schön flach zu klopfen. Ich machte eine Dose Lachsfutter auf. Schnurrhaars Lieblings-

sorte. Dann öffnete ich das Küchenfenster weit, damit sie das Futter roch, falls sie irgendwo in der Nähe war. Leah kam aus dem Flur gerannt. Ich war mir sicher, dass auch Schnurrhaar jeden Augenblick nach Hause gelaufen kommen würde.

Mama fing an die Schnitzel zu klopfen.

Die Türklingel!

Mama und ich sahen uns an. Ich kicherte. Denn ich war sicher, dass es Frau Miesmaul Nagel war. Sie wohnt unter uns und hat etwas gegen jedes noch so kleine Geräusch. Manchmal, wenn Michael herüberkommt und wir auch nur einen einzigen Sprung vom Bett machen oder einen winzig kleinen Ball auf dem Fußboden springen lassen, dann klopft sie mit dem Besenstiel an die Decke und brüllt: »Hört auf mit dem Krach!« Einmal ist sie heraufgekommen und hat sich bei Mama beschwert. »Was geht da vor, reißen Sie die Wände ein?« Dabei hat Mama nichts anderes gemacht, als Hähnchenschnitzel à la Naomi zu klopfen.

»Bekka, geh du nachsehen, wer es ist.« Mama machte sich ans Panieren.

Ich ging an die Tür.

Es war nicht Frau Nagel. Es war der Hausmeister, Herr Jordan. »Ist deine Mutter zu Hause?«, fragte er.

Er hielt etwas in der Hand. Das Etwas war in ein graues Handtuch gewickelt. Eine der Glühbirnen im Korridor war durchgebrannt und ich konnte nicht besonders viel sehen.

Herr Jordan trat in unseren Flur.

Dann sah ich es. Es war Schnurrhaar, die in dem

Handtuch eingewickelt war. Sie atmete in schnellen, kurzen Zügen. Ich wollte sie nehmen. Da stieß sie einen schrecklichen Maunzer aus, so als dächte sie, ich wollte ihr wehtun. Das Maunzen ging mir durch Mark und Bein, wie etwas Scharfes und Spitzes, so als durchbohrte mich ein ganz schlimmer Schmerz; aber noch wusste ich nicht, wo.

Mama kam.

Herr Jordan sagte: »Ich hab die Mülleimer reingetragen. Da hab ich sie dann gefunden, Frau Dr. Suslow. Ein Bein von sich gestreckt, lag sie da, so ganz steif. Vielleicht ist es gebrochen. Sieht mir ganz so aus, als wäre sie irgendwo runtergefallen.«

Vom Dach unseres Mehrfamilienhauses? Da haben Mama und ich sie ja damals entdeckt. Sie kam geradewegs zu uns gelaufen, als hätte sie nach uns gesucht, und hat sich uns als ihre Menschen ausgewählt. Unser Haus ist neun Stockwerke hoch – zu hoch für eine Katze, um freiwillig von dort hinunterzuspringen. Irgendetwas muss sie dazu getrieben haben, muss sie gezwungen haben, über die Kante zu springen. Vielleicht eine feindliche Katzenbande. Oder irgendein großer, geifernder, wilder Hund.

Mir war übel. Der ganze Flur begann zu schwirren. Ich glaubte durch die Luft zu wirbeln. Hatte

Schnurrhaar das Gefühl gehabt, der Boden käme ihr entgegen?

Mama legte die Hände auf meine Schultern.

Herr Jordan sagte mit fröhlicher Stimme: »Katzen sind zäh. Schnurrhaar kommt durch, da gehe ich jede Wette ein.«

Mama bedankte sich bei ihm und nahm Schnurrhaar entgegen. Wieder stieß Schnurrhaar diesen schrecklichen Maunzer aus.

Mama brachte sie in ihr Schlafzimmer, legte sie aufs Bett, fühlte ihr den Puls, horchte ihr mit dem Stethoskop das Herz ab und untersuchte sie von oben bis unten. Dann sagte sie: »Es scheint alles in Ordnung zu sein, bis auf das Bein.« Mama betastete es ganz sanft mit dem Finger. Schnurrhaar machte *Fauuuchchch*. Das hatte sie bei Mama noch nie gemacht. Und sie fuhr die Krallen aus. Aber sie hatte nicht die Kraft, um zu kratzen.

Mama beruhigte und streichelte sie. »Du armes, armes Ding.« Nach einer Weile ging Schnurrhaars Atem wieder normal.

»Das Bein könnte gebrochen sein. Oder ausgerenkt«, sagte Mama.

»Wie kannst du das herausfinden?«

»Nur durch Röntgen.«

Also nahm ich an, Mama würde Frau Dr. Ramirez anrufen, die Tierärztin, die Schnurrhaar und Leah auch geimpft hatte, und einen Termin mit ihr vereinbaren.

Aber Mama sagte: »Was Schnurrhaar jetzt am dringendsten braucht, ist Ruhe.«

Und etwas zu trinken, dachte ich. Ich brachte ihr eine Untertasse voll Milch. Sie wollte aber nichts. Dann vielleicht Wasser. Doch Wasser wollte sie auch nicht. Nicht einmal aus dem Glas mit Stiel, aus dem zu trinken ich ihr beigebracht hatte, als wir sie damals gefunden hatten. Schließlich schleckte sie einen Tropfen Wasser von meinem Finger.

Mama sagte: »Zwing sie nicht. Lass sie.«

Leah kam herein. Sie wollte geradewegs auf das Bett springen.

»Nein, Leah.« Ich schnappte sie. »Deine Mutter braucht Ruhe. Stör sie jetzt nicht.«

Leah wand sich aus meinem Arm und ging aus dem Zimmer. Sie bewegt sich wie eine Katzenballerina, wie zu einer Musik in ihrem Innern. Ich weiß nicht, ob ihr klar war, dass mit Schnurrhaar etwas nicht in Ordnung war.

»Sieh mal nach, ob Leah frisst«, sagte Mama.

Also ging ich in die Küche. »Friss alles auf, Leah.«

Ich probierte die Kartoffeln und drehte die Flamme aus.

Als ich wieder in ihr Zimmer ging, telefonierte Mama gerade. »Die Kartoffeln sind schon ganz breiig«, sagte ich.

»Ich komme sofort«, sagte Mama. Und sie winkte mit der Hand, was besagen sollte: Geh raus und schließ die Tür.

Ich nahm an, sie redete mit Frau Dr. Ramirez.

Sie telefonierte eine ganze Weile. Schließlich kam sie in die Küche. »Und? Was hat sie gesagt?«, fragte ich.

»Was hat wer gesagt?«

»Dr. Ramirez. Du hast doch mit ihr telefoniert?«

»Nein. Dr. Ramirez wohnt schon lange nicht mehr hier! Sie ist längst weggezogen.« Mamas Gesicht nahm diesen seltsamen Ausdruck an. Ich kann ihn nicht beschreiben. Ich habe ihn in letzter Zeit oft an ihr gesehen. Sie stand am Herd, keinen halben Meter von mir entfernt. Aber dieser Ausdruck auf ihrem Gesicht gab mir das Gefühl, als wäre ich ganz allein in der Küche. »Ich habe mit Peter telefoniert«, sagte sie.

Mit Peter? So lange? Wo Schnurrhaar so schlimm krank war? Und ich mir solche Sorgen machte?

Peter ist dieser Kerl, mit dem Mama sich öfter trifft. Dr. Petrushak. Peter ist sein Spitzname. Sein richtiger Vorname ist Voytek oder so ähnlich.

Mama nahm den Kartoffelstampfer und fing an die Kartoffeln zu stampfen, ohne das Wasser abzugießen.

»Oooh, bäh.«

Mama runzelte die Stirn. Sie kann es nicht leiden, wenn ich Sachen wie »Bäh« sage. Aber ich mag wässrigen Kartoffelbrei nicht. Obwohl ich, ehrlich gesagt, auf die Hähnchenschnitzel à la Naomi auch keine Lust mehr hatte.

Mama sagte: »Peter meint, das Beste wäre, wir lassen sie in Ruhe. Morgen geht es ihr vielleicht schon viel besser.«

»Was, wenn nicht?«, fragte ich.

»Lassen wir das mal auf uns zukommen«, sagte Mama. Wieder nahm ihr Gesicht diesen Ausdruck an, also wusste ich, dass als Nächstes das Wort »Peter« aus ihrem Mund kommen würde.

Und so war es. Sie sagte: »Peter sagt, Katzen wären oft selbst ihr bester Tierarzt.«

Wen scherte das? Was wusste er schon von

Schnurrhaar? Er hatte sie noch nicht mal gesehen! Ich stampfte zur Küche hinaus und versetzte der Pendeltür einen solchen Stoß, dass sie hin- und herschwang.

»Komm sofort wieder her und iss dein Abendbrot«, rief Mama.

Ich ging zu Schnurrhaar ins Zimmer.

»Wie geht es dir, Schnurri, liebste Katze auf der ganzen Welt?« Ich flüsterte alle meine Kosenamen für sie in ihr hübsches rosarotes Ohr mit den weichen, weißen Haaren, die daraus hervorguckten. Sie lag nur da, völlig reglos. Die einzige Bewegung verursachte ihr Atem. Ich wollte, dass sie mich ansah! Also berührte ich ihre Wange. Dann sah sie mich auch an, aber nur aus halb geöffneten Augen. Ihr Blick war verschwommen, wie von Nebel eingehüllt. Sie gab keine Anzeichen von sich, dass sie sich freute, mich zu sehen. Es war ihr irgendwie egal, ob ich da war.

Als es Zubettgehzeit war, fragte ich Mama, ob Schnurrhaar die Nacht nicht in meiner Pulloverschublade schlafen dürfte.

Mama war noch immer eingeschnappt darüber, wie ich zur Küche hinausgestürmt war. Aber sie sagte: »Einverstanden.«

Sie wollte nicht, dass ich Schnurrhaar allein dort

hinschaffte. Sie nahm das große Brotschneidebrett und schob es Schnurrhaar wie eine Trage unter.

»Du hältst sie fest, während ich sie trage. Sie darf nicht durchgerüttelt werden.«

So transportierten wir sie in die Kommodenschublade. Ich legte eins ihrer alten Spielzeuge, eine halb zerkaute Gummimaus, für den Fall hinein, dass es ihr im Laufe der Nacht wieder besser ging und sie Lust zum Spielen hatte. Ich deckte sie mit meinem marineblauen Angorapullover zu, dem weichsten Pullover, den ich besitze, und gab ihr einen Gutenachtkuss auf die Nasenspitze.

Wie es um Schnurrhaar stand

Am nächsten Morgen trank Schnurrhaar ziemlich viel Milch. Ihre Augen hatten wieder etwas mehr Glanz. Aber sie lag noch immer völlig regungslos da.

»Mama«, sagte ich, »darf ich zu Hause bleiben und auf sie Acht geben?«

Aber Frau Gallo kommt erst nachmittags und Mama will nicht, dass ich so lange allein bin. Mama sagte Nein, ich müsse in die Schule gehen.

Frau Gallo mag nicht, wenn meine Pullover voller Katzenhaare sind. Also habe ich ihr einen Zettel geschrieben. »Liebe Frau G., Schnurrhaar geht es nicht gut. Bitte lassen Sie sie in meiner Pulloverschublade, nur dieses eine Mal.« Und Mama schrieb noch alles Mögliche dazu, was Frau G. alles zum Abendessen einkaufen sollte, weil Peter am Abend kommen würde.

Auf dem Weg zur Schule erzählte ich Michael, meinem Freund im selben Haus: »Mit Schnurrhaar

stimmt was nicht. Mama meint, sie hat sich das Bein gebrochen. Oder ausgekugelt.«

»Ausgekugelt? Du meinst, es ist ihr davongerollt, und jetzt kann sie es nirgends mehr finden?«

Michael fand das zum Schießen, ha, ha, ha. Er hockte sich auf den Bürgersteig und schaute unter ein Auto. »Da drunter ist kein Bein. Hat vielleicht irgendwer irgendwo ein überzähliges Knie gesehen?«

»Hör auf, Michael. Ausgekugelt sagt man, wenn ein Knochen nicht mehr an seinem richtigen Platz sitzt und das kann sehr wehtun.« Ich erklärte es ihm so, wie Mama es mir erklärt hatte. »Wenn es nicht besser wird, muss sie vielleicht operiert werden.«

Da kriegte Michael sich endlich wieder ein. »Mensch, hoffentlich nicht.«

Gott sei Dank gab es da noch meine Freundinnen Melanie und Kyra. Sie spüren immer gleich, wenn irgendwas nicht stimmt.

Sie warteten bei der Garderobe auf mich. Bis die Glocke läutete, halten wir uns meistens da auf.

Melanie braucht einen mit ihren großen, dunklen, ernsten Augen nur anzusehen und schon geht es einem besser. Sie sagte zu mir: »Das ist Ming auch mal passiert. Wir waren auf dem Land und da ist sie einen ganz hohen Baum hochgeklettert. Eigentlich wollte sie nicht von ganz oben herunterspringen, sondern nur auf den nächsten Ast. Aber sie hat ihn verfehlt. Jedenfalls hat es ihr alle Eingeweide durchgeschüttelt. Sie war dann ganz apathisch und wollte nicht fressen und hat immer nur im Wäschekorb gelegen, hat nicht mal geschnurrt und nichts.«

»Musstet ihr sie röntgen lassen?«

»Nein«, sagte Mel, »wir hatten es vor, aber dann ist es ihr wieder besser gegangen.«

Und Kyra trägt immer ein feines Halskettchen aus Silber mit einem winzigen vierblättrigen Kleeblatt als Anhänger. Sie hat es abgenommen und mir um den Hals gelegt. »Trag es so lange, bis es Schnurrhaar wieder besser geht. Bitte, Becky. Ich möchte es.«

»Jamjam! Kann ich rüberkommen?«, sagte Michael an dem Nachmittag, als wir von der Schule nach Hause kamen. Im ganzen Korridor duftete es nach Kuchen.

»Vielleicht später«, sagte ich. Zuerst wollte ich sehen, wie es Schnurrhaar ging.

Frau Gallo rief mir zu: »Komm in die Küche. Ich habe Rührbesen und Schüssel für dich aufgehoben.« Das tut sie immer. Sie sagt, ich würde sie sauberer schlecken, als man sie mit Spülwasser hinbekäme.

Aber ich ging gleich in mein Zimmer und zur Kommode.

Um Schnurrhaar stand es unverändert. Sie lag reglos da, schnurrte nicht. Auch als ich sie streichelte und immer wieder streichelte. Und Durst hatte sie auch keinen. Nicht einen Tropfen Milch wollte sie trinken. Wasser auch nicht.

»Wenn es ihr besser geht, wird sie auch wieder trinken«, sagte Frau Gallo. »Katzen wissen, was ihnen gut tut.«

Dann klingelte das Telefon. »Hallo, bist du es, Becky?«

Ich erkannte die Stimme nicht. Wahrscheinlich irgendein Verkäufer für wer weiß was. Die sind nämlich ziemlich gerissen. Sie finden die Vornamen von den Leuten und wo sie wohnen durch Adressenkataloge heraus. Ich wollte gerade den Hörer wieder aufknallen.

Aber dann sagte er: »Ich bin's, Peter. Ich störe dich hoffentlich nicht.«

Doch, er störte allerdings!

»Ich wollte mich nur erkundigen, wie es Schnurrhaar geht.«

Was geht das dich an, hätte ich beinahe gesagt.

Dann stellte er die dämlichste aller Fragen. »Wie sieht ihr Zahnfleisch aus?«

Lila mit gelben Streifen, hätte ich am liebsten geantwortet. Wie sollte es schon aussehen?

»Es ist rosa«, sagte ich.

Darauf sagte er, ich solle nachschauen gehen, ob es blasser als sonst wäre.

Das tat ich. Ich konnte es aber nicht genau sagen.

Peter sagte: »Ist schon in Ordnung. Bis später, Becky. Ich habe schon viel von dir gehört und freue mich darauf, dich kennen zu lernen.«

Ich konnte direkt hören, wie er darauf wartete, dass ich sagte: Ich mich auch. Aber da konnte er lange warten. Ich sagte nur: »Oho« und hängte ein.

Manchmal kann es einen richtig fertig machen, wenn das Telefon klingelt und klingelt und klingelt, und jedes Mal denkst du, diesmal ist aber die Person dran, die du dringend sprechen willst. Und dann ist sie es wieder nicht.

Erst rief Kyra an. Dann Melanie. Beide fragten: »Wie geht's Schnurrhaar?«

Dann Michael. »Kann ich jetzt rüberkommen?«

Nein. Ich wollte ihn nicht sehen.

Ich dachte: Los, Papa, ruf du an! Ich darf ihn erst nach sechs Uhr anrufen, wenn die Gebühren für Ferngespräche nicht mehr so teuer sind. Ich rief ihn trotzdem an, aber er war nicht da.

Mein Vater ist große Klasse, wenn es um Dinge geht wie Suppe kochen um Mitternacht und warum auf den Gipfeln des Himalaja das ganze Jahr über Schnee liegt und wie man Wasserfälle, Donner, Achterbahnen und so was malt. Bei anderen Sachen kriegt man kein Wort aus ihm heraus. Zum Beispiel, wie viele Kinder ich zum Übernachten zu mir nach Hause einladen darf. Oder ob es fair ist, dass Mama mich keine Filme gucken lässt, die sie zu grausam für mich findet, die meine Freunde aber schon drei- oder viermal gesehen haben. Ich frage Papa solche Sachen erst gar nicht mehr. Er sagt ja doch immer bloß in so einem strengen Ton: Schätzchen, das musst du mit Mama klären.

Er ist kein großer Fachmann in puncto Katzen und überhaupt – was sollte er auf die Entfernung schon dazu sagen? Trotzdem wollte ich gern mit ihm reden.

Frau Gallo werkelte wie verrückt herum und schnitt Gemüse klein. Sie machte eine Tunke zum Stippen und eine Spezialsoße zum Braten. Das Abendessen sollte besonders lecker schmecken.

Und Mama hatte ihre neuen Sachen fertig zum Hineinschlüpfen auf dem Bett bereit gelegt – eine Seidenhose und ein pflaumenblau schimmerndes Oberteil, sehr schick.

Aber um fünf nach sechs, noch bevor sie zu Hause war, erschien Peter, mit seiner Arzttasche.

Jeder, der mit Mama ausgeht, wird erst mal genau unter die Lupe genommen. Das fängt an mit dem Aussehen. Sie dürfen keine schwarzen Lockenhaare haben oder funkelnde, fast schwarze Augen wie mein Vater, und *zu* schön dürfen sie auch nicht sein. Aber halbwegs gut müssen sie schon aussehen. Peter ist mittelgroß und hat hellbraune Haare und blau-grüne Augen. Den Aussehen-Test hat er damit bestanden.

Als Nächstes werden sie darauf geprüft, wie viele von den drei dämlichen Fragen sie mir stellen:

1) Wie es mir in der Schule gefällt?

2) In welche Klasse ich gehe?

3) Um wie viel Uhr ich normalerweise ins Bett gehe? (Auf die Weise können sie sich nämlich ausrechnen, wie lange es dauert, bis sie mit Mama allein sein können.)

Peter hat auch diesen Test bestanden. Seine einzige Frage lautete: »Wo ist Schnurrhaar?«

Als Nächstes teste ich, wie sie mit Katzen umgehen. Leah hatte er bereits gestreichelt, als kennte er sich mit Katzen aus. Also zeigte ich ihm Schnurrhaar in der Pulloverschublade. »Am besten fasst man sie gar nicht an«, sagte ich.

Also fasste er die Schublade an den Seiten und zog sie ganz aus der Kommode heraus. Er stellte sie auf mein Bett. Ich war ziemlich verblüfft. Er klappte seine Arzttasche auf und nahm so ein winzig kleines Stethoskop heraus, das nur halb so groß war wie ein normales. Es sah aus wie ein Spielzeugstethoskop. Dann horchte er Schnurrhaars Brust ab. Er untersuchte auch ihren Blutdruck.

»Das hat Mama schon gemacht«, sagte ich. Aber er verstand sich darauf, das muss ich zugeben.

Ganz behutsam schob er Schnurrhaars Oberlippe zurück. Es machte ihr nichts aus. Er sagte: »Siehst du das Zahnfleisch? Es ist nicht richtig rosa.«

Es stimmte. Das Zahnfleisch war blass, fast weiß.

Er ging mit ihr um wie ein richtiger Fachmann.

»Sind Sie denn nicht praktischer Arzt, genau wie Mama?«, fragte ich. »Sind Sie außerdem auch noch Tierarzt?«

»Nicht ›außerdem auch noch‹. Ich tu den ganzen Tag nichts anderes, als Tiere zu behandeln. Ich dachte, das wüsstest du.«

Nein. Mama hatte es vielleicht erwähnt, nachdem sie sich das erste Mal mit ihm getroffen hatte, und ich hatte nicht zugehört. Oder ich hatte es vergessen. Jetzt, da ich es wusste, war ich froh, dass er da war.

Schnurrhaar auch. Oder zumindest sträubte sie sich nicht, selbst als er ihre Augenlider hochschob und sich erst das eine, dann das andere Auge genau ansah.

»Wird sie wieder gesund?«, fragte ich.

»Ich hoffe es«, sagte er. Er tastete ihren Bauch ab. »Ist sie im Allgemeinen eher mager oder eher pummelig?«

»Nicht mager. Nicht pummelig. Genau passend. Was ist mit ihrem Bein?«

»Das braucht uns im Augenblick keine Sorgen zu machen.« Peter nahm Schnurrhaar aus der Schublade und hielt sie ganz merkwürdig, ihr Kopf hing tiefer als der übrige Körper.

»Warum halten Sie sie so?«

»Damit das Blut wieder zirkuliert.«

Schnurrhaar zitterte. Ich wickelte sie in meinen blauen Angorapullover. Peter sagte: »Gut, so müsste sie es schön warm haben.«

Dann hörte ich Mama den Schlüssel ins Türschloss stecken. Noch im Mantel, kam sie gleich in mein Zimmer.

Peter und sie warfen einander diesen speziellen Blick zu. So als wären sie schrecklich glücklich sich zu sehen! Das war das Allererste, vor allem anderen.

Dann kam Mama schnell zu mir und nahm mein Gesicht in ihre Hände. Weil sie schon ahnte – sie hatte es an Peters Augen abgelesen –, wie es um Schnurrhaar stand.

Peter sagte mit ruhiger Stimme: »Ich glaube, sie hat einen Kreislaufschock. Wegen der inneren Blutungen.«

Frau Gallo stand auch bei uns. Mama bedankte sich bei ihr, dass sie ein so wundervolles Abendessen vorbereitet hatte (das roch sie an den Düften). Sie sagte, wir würden zu Abend essen, sobald wir wieder zu Hause wären.

Ich wickelte Schnurrhaar in noch zwei Pullover ein und wir fuhren in die Tierklinik, in der Peter arbeitet.

Das war am Freitagabend.

Schnurrhaar ist nur ganz selten mal Auto gefahren. Ich hielt sie ganz ruhig, damit sie die Unebenheiten nicht spürte. Ich wollte mit ihr sprechen, ihr Dinge sagen wie: Sieh mal, da drüben ist der Park. Und ich pass auch gut auf Leah auf, solange du nicht da bist. Und: Bald bist du wieder zu Hause.

Ich bin gut im Ausdenken von Wolkenkuckucksheimen. Aber Schnurrhaar war vollkommen weggetreten. Sie schlief zwar nicht richtig, aber wach war sie auch nicht, obwohl ihre Augen ein wenig geöffnet waren. Jedenfalls nicht mal ich konnte mir ausmalen, dass der Park sie interessierte oder Leah oder überhaupt irgendetwas. Ich glaube nicht, dass sie überhaupt wusste, wo sie war oder wer sie hielt.

Sie haben Schnurrhaar sofort ins Röntgenzimmer gebracht, um festzustellen, ob sie innere Blutungen hatte. Sie kamen wieder mit ihr aus dem Zimmer und es war die Rede davon, dass sie sie vielleicht am nächsten Morgen noch mal röntgen müssten. Bis dahin würden sie sie sorgsam beobachten.

Schnurrhaar kam in einen Käfig, wie die anderen kranken Tiere auch. Ich durfte sie hineinsetzen. Aber nicht eingewickelt in die Pullover. Sie sagten, die Heizung wäre angestellt und sie hätte es warm genug.

Dann mussten wir gehen.

Peter legte den Arm um Mama. »Ich will nicht angeben, Naomi, aber das hier ist das Sinai unter den Tierkliniken.«

Mama lächelte. Sie arbeitete jetzt seit einem Jahr am Sinaikrankenhaus. Es soll ein sehr gutes Krankenhaus sein, vielleicht das beste von allen in der Stadt.

Wir gingen zum Auto. Peter wollte auch einen

Arm um mich legen. Ich sagte nicht nein oder schüttelte ihn ab. Aber ich wollte es nicht. Das hat er gespürt. Er hat den Arm weggezogen.

Das Traurigste, das je passiert ist

Ich hatte einen schrecklichen Traum. Und das Telefon klingelte. Entweder in Wirklichkeit oder im Traum, das konnte ich nicht sagen. Ich schlief weiter.

Dann wachte ich wieder auf. Es war noch dunkel draußen. Ich ging ins Badezimmer. Da sah ich unter der Türritze von Mamas Zimmer Licht, also ging ich zu ihr.

Sie setzte sich im Bett auf. Dann stand sie auf und kam zu mir. Sie hatte ihr schönes lavendelfarbenes Nachthemd mit der Spitze vorn daran an. Sie zog mich fest an sich und drückte mein Gesicht an ihre Brust. »Oh, Bekka!«, sagte sie.

Da wusste ich dann Bescheid.

Das Telefon hatte vorhin tatsächlich geklingelt. Peter hatte sie aus der Tierklinik angerufen. Schnurrhaar war tot. Sie war um zwei Uhr in der Nacht gestorben. »Im Schlaf«, sagte Mama. Sie weinte.

Ich würde auch gleich in Tränen ausbrechen. Ich

drehte den Kopf weg, denn ich wollte ihr Nachthemd nicht noch nasser machen. Normalerweise heule ich Rotz und Wasser, wenn auch nur eine Spur was Trauriges passiert. Aber dies war das Traurigste, das je passiert ist. Noch viel trauriger als Papas Wegzug, denn da wusste ich ja, dass ich Papa wieder sehen würde. Das Seltsame war, dass ich keine Träne vergoss. Nicht eine einzige Träne.

»Komm in mein Bett«, sagte Mama.

Ich wollte aber nicht.

Ich ging Leah suchen. Sie lag auf der Couch im Wohnzimmer. Ich nahm sie mit in mein Bett. Ich dachte, wenn ich mich mit Leah in den Armen hin-

legte, würde ich mir die Augen aus dem Kopf weinen und irgendwie würde das gut tun.

Ich lag da, streichelte sie, und sie fing an zu schnurren, als wäre nichts. Und meine Augen blieben trocken wie die Wüste.

Mama hätte heute, Samstag, eigentlich arbeiten müssen. Sie bat einen ihrer Kollegen für sie einzuspringen. Am Abend war sie mit Peter verabredet, aber sie sagte ab. Wir stellten Leah genügend Futter für zwei Tage hin und fuhren übers Wochenende zu Großmama Sonia.

Sonst gefällt es mir bei ihr sehr. Wir machten tolle Sachen und Mama und Großmama Sonia waren besonders nett zu mir.

Aber ich hatte an nichts Freude. Das war nicht verwunderlich. Nein, man erwartete ja auch nicht, dass jemand, dessen Katze gerade gestorben ist, Spaß an irgendwas hat.

Seltsam war nur, dass ich auch während dieser beiden Tage nicht eine einzige Träne um Schnurrhaar vergoss.

Ich war wie ein Roboter, der am Strand spazieren geht. Wie ein Roboter, der Äpfel pflückt. Wie ein Roboter, der ins Kino geht. So als wäre ich nicht ich selbst. Und mich quälte die Angst. Was, wenn nicht

nur Schnurrhaar gestorben war, sondern mit ihr auch alle meine Gefühle?

Normalerweise erzähle ich Mama alles, was mir Angst macht, und das hilft. Aber diese ganzen zwei Tage lang konnte ich fast nichts mit Mama reden, geschweige denn, ihr das erzählen.

Am Montagmorgen auf dem Weg zur Schule sagte ich zu Michael: »Schnurrhaar ist tot.«

Er sagte: »Oh, das ist ja schrecklich. Becky, du bist tapfer.«

Weil ich nicht weinte.

Oh, ich wünschte, ich hätte mich tapfer gefühlt. Statt so völlig leer und tränenlos.

Kyra wartete schon an der Garderobe auf mich. Und irgendwie genügte es, sie zu sehen, und das seltsame Gefühl ließ nach.

Kyra warf nur einen Blick in mein Gesicht und sie kam mit ausgestreckten Armen auf mich zugelaufen.

Ich öffnete den Verschluss des Halskettchens mit dem vierblättrigen Kleeblattanhänger, das sie mir ausgeliehen hatte.

»Nein. Das behältst du, Becky. Auch wenn es kein Glück gebracht hat. Hübsch ist es doch, findest du nicht? Bitte. Es ist ein Geschenk. Ich möchte, dass du es behältst.«

Also habe ich die Kette wieder angelegt.

Dann kam Melanie. Alle drei hockten wir hinten in der Ecke bei der Garderobe. Ich erzählte ihnen die ganze Geschichte. Und ich weinte mir die Augen aus dem Kopf. Ich war so erleichtert!

Es stimmte gar nicht, dass meine Gefühle abgestorben waren. Ja, ich wurde von meinen Gefühlen übermannt. Sie sprudelten nur so aus mir heraus und ergossen sich über Kyra und Melanie. »Oh, Mel, oh. Kyra, es ist so ungerecht! Sie war so putzmunter und so schön, ich hatte sie so schrecklich, schrecklich lieb!«

Das war der Moment, in dem Jason Abeloff kam, in seinem Draculahemd.

Oh, Mama, wenn du wüsstest …

»Mensch, Becky«, sagte Jason, »das klingt ja tragisch. T-R-A-G-I-S-C-H.« Er buchstabierte das Wort, nur als kleine Erinnerung daran, dass er mal einen Buchstabierwettbewerb gewonnen hat, in dem eben jenes Wort vorkam.

»He, das hier ist Privatsache«, sagte Kyra.

»Entschuldigung. Ich wollte ja nur nett sein.«

»Hör zu«, sagte Kyra mit wütender Stimme, »ihre Katze ist gestorben. Also sei so nett und lass uns allein, ja?«

»Genau, misch dich nicht ein«, sagte ich.

»Schon gut, schon gut, es tut mir leid«, sagte Jason. »War ja nur, weil du dich angehört hast, Becky, dass ich schon dachte, du redetest von deiner Mutter oder sonst wem …«

Von da an weiß ich alles nur noch verschwommen. So wie wenn ich meine Brille nicht aufhabe. Und klar und deutlich hatte ich dieses Bild vor

Augen: Mama tot, Schnurrhaar am Leben. Ehe ich es begriff, rann rotes Zeugs, Blut, Jasons Gesicht hinunter und auf sein Draculahemd. Und dann stand Frau Feld, unsere Lehrerin, da.

Sie behielt mich also dann in der Pause da. Und ich brachte keine schriftliche Erklärung zu Stande, sondern malte stattdessen den Baum.

Als ich an dem Nachmittag nach Hause kam, versuchte Frau Gallo besonders nett zu mir zu sein. Sie machte mir mein Lieblingssandwich: Erdnussbutter und Gurkenscheiben auf Pumpernickelbrot. Und ausnahmsweise sagte sie nicht, sie wolle sich doch nicht den Tod holen und so was essen.

Sonst gießt sie mir die Milch immer in ein altes Glas. Aber an diesem Montag suchte sie nach dem Glas, das mir so gut gefällt, das mit den Gänseblümchen darauf. Ich habe es irgendwo bei Groß-

mama draußen auf einem Trödelmarkt gekauft. Es war ein Einzelstück. Ein zweites in der Art habe ich nirgends finden können.

Leah lag zusammengerollt auf meinem Stuhl. An jedem anderen Tag hätte Frau Gallo sie grob gepackt oder sie einfach hinuntergeschubst. An dem Tag sagte sie mit netter Stimme: »Verzeihung, Leah«, und nahm sie behutsam auf, damit ich mich hinsetzen konnte. Dann legte sie sie auf meinen Schoß. »So, schau. Bist du nicht froh, dass du wenigstens noch sie hast?«

Ja, das war ich. Auch wenn Leah keine richtige Schoßkatze ist. Sie sprang gleich wieder hinunter.

Ein Grund, warum mir das Glas so gefiel, war, dass die Gänseblümchen darauf genauso aussahen wie die auf dem blauen Samtlehnsessel in unserem Flur, in den Mama und ich uns immer setzen und unsere spezielle Zeit zusammen verbringen.

Ausnahmsweise fürchtete ich diese Zeit, statt mich wie sonst den ganzen Nachmittag lang darauf zu freuen. Am besten, sie bräche gar nicht an. Weil Mama mir anmerken würde, dass in der Schule etwas vorgefallen war. Und sie würde darüber reden wollen.

Frau Gallo sagte: »Noch ist das nicht das Ende der Welt. Na komm, trink deine Milch.«

Ich nahm meine Brille ab. Mir war einfach danach, mich ein wenig davon auszuruhen, alles so klar und deutlich zu sehen. Ich betrachtete die Milch in dem Gänseblümchenglas, ihre samtene Weiße.

»Tzk, tzk.« Frau Gallo schnalzte mit der Zunge. »Genug Trübsal geblasen. Du kannst es dir jetzt vielleicht nicht vorstellen, Reb, aber du wirst darüber hinwegkommen.«

Nein, niemals, schwor ich.

Sie schob mir das Glas näher hin.

Ich beugte meinen Kopf darüber. Schnell, noch ehe Frau Gallo mich daran hindern konnte, steckte ich die Zunge ins Glas und schleckte die Milch ganz nach Schnurrhaars Manier. Zum Andenken an Schnurrhaar.

Genau in dem Augenblick klingelte das Telefon. Papa – ich hatte immer noch nicht mit ihm geredet. Ich musste aber dringend mit ihm sprechen! Diesmal musste es einfach Papa sein! Ich hörte ihn fast schon sagen: Becky-Buh, bist es du? Ich stürzte zum Telefon und kippte dabei das Glas um.

»Hallo, Becky«, sagte Frau Gallos Mann. »Könnte ich wohl meine ach so liebe Frau sprechen?«

Die hockte auf dem Fußboden und sammelte die Glasscherben auf. Ich bückte mich und sammelte ebenfalls ein paar Scherben auf.

»Nicht! Du zerschneidest dich noch in tausend Stücke!« Sie griff nach dem Hörer und winkte mir, ich solle es lassen.

Ich ging in mein Zimmer. Ich setzte mich hin und betrachtete das Bild mit der Brücke über meinem Schreibtisch. Es ist von meinem Vater. Er ist Maler und er ist wirklich gut. Dieses Bild hat er gemalt, als er noch bei uns wohnte, bevor Mama und er geschieden wurden. Ich wünschte, es wäre eine echte

Brücke, nicht bloß über den Fluss, sondern ganz bis nach Westen, und dass ich hätte darüber laufen können, ganz bis in die Stadt, in der Papa wohnt. Oder auch in den Himmel hinauf …

Meine Finger wollten malen. Ich spitzte einen Bleistift ganz spitz an. Und dann fing ich an. Zuerst eine Katze. Dann zwei Sterne neben ihren Ohren. Dann noch eine Katze, noch mehr Sterne und noch eine Katze und noch eine. Katzen malen geht leicht, wenn man einmal weiß, wie es geht. Sterne gehen sogar noch viel leichter.

Einige Katzen malte ich mit hoch aufgestelltem Schwanz, einige mit hängendem Schwanz. Bei den Katzen mit dem Schwanz nach unten sollte es aussehen, als bewegten die Katzen den Schwanz hin und her, aber das war schwierig hinzukriegen. Einige Katzen bekamen angelegte Flügel, andere hatten die Flügel ausgebreitet. Ein paar ließ ich von Stern zu Stern fliegen. Dann malte ich zwischen die Pfoten von einigen Katzen Harfen. Und auch Violinen, Flöten, Pauken, Glockenspiele. Die Glockenspiele waren verkehrt, also machte ich Cellos daraus. Bald spielten alle Katzen, die nicht am Himmel umherflogen, sämtliche Musikinstrumente, die mir einfielen und die nicht zu schwer zu malen waren:

Trompeten, Oboen, Klarinetten, Triangel, sogar ein Klavier.

Bald war kein Platz mehr übrig. Aber noch wollte ich nicht aufhören. Also spitzte ich den Bleistift wieder an und malte noch mehr Katzen, immer kleinere. Ein bisschen ähnlich wie auf den Wimmelbildern in *Millionen Katzen.* An den Rändern des Blatts malte ich sie winzig klein, wie Babyfliegen. Je winziger, umso weiter waren sie von der Erde entfernt, Billionen und Trillionen von Kilometern entfernt.

Am unteren Rand hatte ich Platz frei gelassen und dahin schrieb ich den Titel des Bildes: KATZENHIMMEL, DIE MILCHSTRASSE.

Dann malte ich mir aus, was die anderen davon halten würden.

Frau Gallo: Tiere kommen nicht in den Himmel.

Mama: Arme Bekka. (Und sie bekam noch mehr Mitleid mit mir, weil ich Schnurrhaar so schrecklich vermisste.)

Michael: Was für ein albernes Bild, einen solchen Ort gibt's nicht!

Nein, natürlich nicht. Ich knäulte das Blatt zusammen und warf es in den Papierkorb.

Die Christen glauben nicht, dass Tiere in den Himmel kommen. Die Juden glauben nicht, dass es da oben im All überhaupt irgendeinen Himmel gibt. Melanie sagt, ihr Vater sagt, dass es sogar im Leben den Himmel auf Erden geben kann. Ich glaube, er meint damit, wenn man rundum glücklich ist. Ich konnte mir aber nicht vorstellen, dass ich das je wieder sein könnte. Was ich mir aber sehr wohl vorstellen konnte, war der nächste Morgen. Auf dem Weg zu Herrn Bruzzos Büro. Die Hölle. Das mag ein Fluchwort sein, aber daran kannst du genau ablesen, wie mir zu Mute war.

Sei also vernünftig, sagte ich zu mir, holte den Kugelschreiber und nahm ein Blatt Papier aus dem Notizblock.

WARUM ICH JASON ABELOFF GESCHLAGEN HABE, schrieb ich quer oben darauf.

Ich schrieb, er hätte sich geduckt. Darum wäre meine Hand auf seiner Nase gelandet. Eigentlich hätte ich ihn nur am Arm treffen wollen. Weil er gesagt hatte … Aber das brächte ich in Millionen Jahren nicht zu Papier! Eher wäre ich auf der von meinem Vater gemalten Brücke zu Fuß bis in seine Stadt gelaufen! Ich brauchte bloß daran zu denken, und das Bild stand mir wieder vor Augen. All diese Gräber … Mama, oh, Mama, wenn du es wüsstest!

Die Tür zu meinem Zimmer ging auf. Dabei war es doch erst fünf nach drei. Aber da stand sie, mit ihrem traurigen, süßen Mamalächeln, das mich durchbohrte wie ein Pfeil.

Es wäre sehr ruhig zugegangen, also war sie früh von der Arbeit nach Hause aufgebrochen. »Ich wollte zu meiner Bekka«, sagte sie. Und sie streckte die Arme aus, um mich zu umarmen.

Wir nehmen uns immer in den Arm, wenn sie nach Hause kommt. Aber ich konnte einfach nicht. Ein Grund dafür war, dass sie womöglich WARUM ICH

JASON GESCHLAGEN HABE zu sehen bekam, wenn ich von meinem Schreibtisch aufstand. Ich zerriss das Blatt und warf es fort.

Mama trat zu mir und legte von hinten die Arme um mich. Ich zwang mich, ganz starr dazusitzen und meinen Kopf nicht an sie zu lehnen. Ich dachte: Oh, Mama, wenn du wüsstest, was für ein Bild in meinem Kopf ist, dann würdest du mich nicht mehr umarmen wollen.

»Was war das, was du da zerrissen hast?«, fragte Mama.

»Ähm, nichts. Nur eine Hausaufgabe.«

Sie wollte, dass ich mitkam zu unserem blauen Lehnsessel mit den Gänseblümchen darauf und wir unsere Zeit miteinander verbrachten.

»Ich kann nicht, Mama. Ich muss die Hausaufgabe noch mal machen.«

»Gut, dann eben dann, wenn du damit fertig bist.«

Ich würde nie damit fertig werden! Aber ich sagte: »Ja, gut.«

Sie ging aus dem Zimmer.

Ich legte den Kopf auf den Schreibtisch, saß einfach nur da und versuchte an nichts zu denken. Darüber muss ich wohl eingeschlafen sein. Denn als Nächstes hörte ich Mama sagen: »Das Abendessen ist fast fertig. Setzen wir uns heute Abend denn gar nicht ein bisschen zusammen?«

»Nein. Ich bin immer noch nicht fertig.«

»Nun gut.« Mama klang ein wenig gekränkt. »Es gibt Zeiten, in denen man mal allein sein will. Das kann ich verstehen.«

Nein, nein, nein, das war es nicht! Mama kapierte nichts! Und es gab keinen Weg – nicht einen einzigen! –, es ihr klar zu machen.

»Ich rufe dich, wenn das Essen fertig ist«, sagte sie und ließ mich allein.

Beim Abendessen fragte sie: »Magst du jetzt reden?«

»Uh-uh.«

»Okay, du kannst es ja erzählen, wenn dir danach ist.«

Beim Essen gucken wir nur selten einmal fern. Aber jetzt stellte sie die Nachrichten an. »Du hast doch nichts dagegen, oder, Bekka?«

Nein, ich hatte nichts dagegen. Jedenfalls so lange nicht, bis sie Werbung brachten. Sie machten Reklame für Neun-Leben-Katzenfutter. Ich hatte sie schon hunderte von Malen gesehen. Sie sollte lustig sein, einfach witzig. Aber sie machte mich rasend. Ich stieß nach dem Ausschaltknopf.

»He!«, sagte Mama. »Du bist nicht die Einzige hier im Esszimmer. Ich wohne auch noch hier.« Sie stellte den Fernsehapparat wieder an. Der hochnäsige Kater Morris war wieder zu hören.

Ich steckte mir die Finger in die Ohren und schrie: »Ich hasse den Namen von dem Katzenfutter. Neun Leben – das ist eine glatte Lüge! Katzen haben ein Leben, nicht mehr.«

»Sicher«, sagte Mama. »Aber ich habe ihn mir nicht ausgedacht, also gib nicht mir die Schuld. Und so traurig du auch bist, denk an eins: Du bist nicht die Einzige, die Schnurrhaar vermisst. Ich vermisse sie genauso.«

»Ich gebe aber dir die Schuld.« Das hatte ich eigentlich nicht sagen wollen. Es war mir einfach herausgerutscht.

Mama legte ihre Gabel hin. »Wie meinst du das?«

»Es ist alles nur, weil du so verrückt nach diesem Peter bist …!« Da machte sie so ein Gesicht. Es tat mir Leid, dass ich damit angefangen hatte. Aber jetzt, wo ich schon mal dabei war, konnte ich nicht mehr aufhören. »Peter ist auch schuld! Warum ist er nicht gleich gekommen?«

»Er hatte Dienst«, sagte Mama. »Er kümmert sich auch noch um andere Tiere, weißt du …«

»Das interessiert mich nicht! Wenn die Klinik, an der er arbeitet, so groß ist, warum hat er dann nicht dafür gesorgt, dass Schnurrhaar operiert wurde?«

Mama brachte alle möglichen Gründe vor. Es wäre gerade kein Tierarzt da gewesen, der Operationssaal wäre geschlossen gewesen. Im Übrigen vollbringe man mit Operationen auch keine Wunder.

Ich weiß nicht, was noch alles. »Ich will nichts mehr davon hören! Er ist schuld und basta. Ich hasse Peter. Ich hoffe, er …«

Mama hielt mir mit der Hand den Mund zu.

Ich schob ihre Hand weg und stand vom Tisch auf.

»Rebekka Suslow, du kommst sofort wieder her.«

Ich rannte aus dem Esszimmer und dachte mir: Gut, jetzt ist sie böse auf mich. Das machte es leichter, als wenn sie ganz lieb zu mir gewesen wäre.

Später, als ich im Bett lag, kam sie in mein Zimmer. »Ich möchte, dass du einsiehst, dass es nicht Peters Fehler war«, sagte sie. »Er hat getan, was er konnte. Ich weiß genau, dass dir das im Grunde auch klar ist. Es war niemandes Schuld. Wie wäre es, wenn wir uns jetzt wieder vertragen?«

Oh, und wie ich das wollte!

Aber ich drehte mich zur Wand. Ich dachte: Wenn Mama wüsste, welches Bild in meinem Kopf spukte, dann würde sie sich nicht mit mir aussöhnen wollen. Ich dachte: Und morgen ist ihr noch weniger danach, wenn Herr Bruzzo sie anruft und sie in die Schule zitiert.

Herr Bruzzo, der Brutalo

Manchmal, wenn es zu schlimm kommt, geht man einfach schlafen und vergisst alles. Als ich am nächsten Morgen wach wurde, schien die Sonne durch meine Gardinen. Ich dachte: Heute wird ein schöner Tag. Dann brach alles über mir zusammen. Schnurrhaar tot, Jason gehauen, Blut rinnt über sein Gesicht, Frau Feld schickt mich zu Herrn Bruzzo, Herr Bruzzo zitiert Mama in die Schule. Ich kroch wieder unter die Bettdecke.

»Keine schriftliche Erklärung, Becky? Nun, dann ab mit dir. Geh schon«, sagte Frau Feld.

Alle in der Klasse wussten, wohin. Alle dachten: Ein Glück, dass ich nicht Becky Suslow bin.

In dem kleinen Vorzimmer zum Büro des Rektors sitzt die Schulsekretärin Frau Hollinger. Sie sagte: »Herr Bruzzo ist für ein paar Minuten hinausgegangen. Geh schon mal hinein. Setz dich hin und warte dort auf ihn.«

Ich setzte mich kerzengerade in den Stuhl auf der anderen Seite seines Schreibtisches. Mir schlug das Herz bis zum Hals.

Sein Büro liegt zur selben Seite wie unser Klassenzimmer. Das Fenster stand offen. Ich konnte den Baum auf dem Schulhof sehen und ich konnte Spatzen darin lärmen hören.

Angst packte mich. Wem wäre das nicht so ergangen – in Erwartung von »Herrn Brutalo«? Aber ein noch gewichtigerer Grund, weshalb mein Herz so pochte, war das Bild in meinem Kopf. Da war es wieder und ich mit darauf, fast mehr dort als da, wo ich in Wirklichkeit war.

Große Bäume, grünes Gras, graue Grabsteine. Ein offenes Grab. Ich soll Erde auf den Sarg werfen. Und alle sind da. Alle Kinder aus meiner Klasse. Alle Freunde von Mama. Und rate mal, wer noch: Papa. Na ja, klar. Beide Arme um mich gelegt.

Dann, im nächsten Teil des Bildes, ist die Beerdigung vorbei. Papa und ich machen die Tür zu unserer Wohnung auf. Und zwei Katzen kommen angelaufen und begrüßen uns. Leah und Schnurrhaar. Schnurrhaar ist am Leben!

Ich auf dem Bild wollte Schnurrhaar gerade auf den Arm nehmen und drücken und küssen.

Klonk, klonk. Da, wo ich in Wirklichkeit war, kam Rektor Bruzzo herein. Seine Schritte ließen den Fußboden beben.

»Hallo«, dröhnte er. »Dich hab ich hier ja noch nie gesehen. Du musst also das allererste Mal etwas angestellt haben. Wie heißt du? In welche Klasse gehst du? Was führt dich in die gefürchtete Folterkammer?«

So kam es mir tatsächlich vor.

Und sein Spitzname, »Brutalo«, passte auch zu ihm. Sein Gesicht ist länglich und knochig. Er hat ein vorstehendes Kinn und eine lange, nach unten gebogene Nase wie ein Büffel, mit großen Nasenlöchern, aus denen Haare herauswachsen. Er hat buschige Augenbrauen und elchbraune Augen. Ich war mir unschlüssig, wem er mehr ähnelte, einem Elch oder einem Büffel.

Ich nannte ihm Namen und Klasse. »Ich bin hier, weil ich jemanden gehauen habe.«

Ich schaute auf seine riesengroßen Schuhe. Ich spürte, dass er mich ansah.

»Wen hast du gehauen?«

»Einen Jungen aus meiner Klasse. Jason Abeloff.«

Dann stellte er die Frage, die kommen musste. »Warum?«

»Weil, äh …«, war alles, was ich herausbrachte.

»Wie fest hast du ihn gehauen?«

»Ziemlich fest«, sagte ich zu den riesengroßen Schuhen. »Er bekam Nasenbluten. Sein ganzes Hemd war voll mit Blut.«

»In dem Fall hast du schon für seine Strafe gesorgt. Dann brauche ich ihn nicht auch noch zu bestrafen. Du brauchst dir keine Sorgen zu machen, ihn zu ›verpetzen‹. Aber du musst mir sagen, was er getan hat, das dich so wütend gemacht hat. Du kannst es mir entweder jetzt gleich sagen oder …« Er drehte sich in seinem Stuhl herum. Er öffnete einen Aktenschrank mit dem Buchstaben S darauf, nahm meine Akte heraus und las darin herum. »Oder du sagst es mir in Anwesenheit deiner Mutter. Ich weiß, sie ist eine vielbeschäftigte Frau.« Er drehte sich wieder zu mir. »Daher schlage ich vor, du erzählst es mir jetzt.«

Du säßest auch nicht da auf dem Stuhl Auge in Auge Herrn Bruzzo gegenüber und tätest *nicht* das, was er dir vorschlägt. Also fing ich an: »Hm, wissen Sie, meine Katze ist gestorben. Ich erzählte es gerade meinen beiden Freundinnen Kyra Farris und Melanie Rosen, als Jason …«

»Halt einmal an der Stelle an. Erzähle mir auch von deiner Katze.« Herr Bruzzo fragte mich Sachen wie, wie sie geheißen hätte, woher ich sie hätte, wie lange ich sie gehabt hätte, was ich für sie empfunden hätte und woran sie gestorben war. Ich staunte, dass ein Rektor solche Sachen wissen wollte.

Die ganze Zeit, während ich antwortete, hielt er seinen Blick auf mich gerichtet. Ich sah meist nach unten auf meinen Schoß oder auf den Fußboden, nur ein- oder zweimal schaute ich ihm ins Gesicht. Und er erinnerte mich schon gar nicht mehr so sehr an einen Elch oder Büffel.

Ich kam zu der Stelle, als Jason sich einmischte.

»Und Jason hat gesagt, ich würde es so tragisch erzählen, dass er schon dachte, ein Mensch wäre gestorben.«

Herr Bruzzo fragte: »Hat er auch gesagt, wer?«

»Mm-hmmm.« Ich sah weg.

»Wer?«

Ich beschloss, es zu sagen. Was hatte ich zu verlieren? Das Bild war schon wieder in meinem Kopf, so wirklich wie irgendwas, ich konnte es sehen, wenn ich die Augen schloss, so deutlich wie im Fernsehen. »Meine Mutter«, sagte ich. Ich legte den Kopf auf die Knie.

»Schämst du dich dafür?«, fragte Herr Bruzzo.

Ja, und wie! Nicht wegen der Sache mit Jason. Nur wegen dem Bild im Kopf und weil es einfach nicht verschwinden wollte. Ich schämte mich, schämte mich so sehr, dass mir war, als würde ich nie mehr mit erhobenem Blick einhergehen können, und als gäbe es keinen Menschen auf der Welt, der so schlimm war wie ich.

Herr Bruzzo hielt mir eine Standpauke, von wegen, wie es zuginge, wenn in der Schule jeder jeden verhaute, wenn ihm gerade danach war. Es gäbe lange Warteschlangen vor dem Sanitätsraum. Im Pendelverkehr führe ein Bus zum nächsten Krankenhaus. Niemand würde etwas lernen, außer Verhauen und Sichducken. Die Schule wäre ein Irrenhaus. Ob ich ihm da nicht Recht gäbe?

»Ja.«

Nun, ob ich dann nicht bitte versprechen wolle in der Schule nie wieder jemanden zu verhauen, so verdient es auch sein mochte?

Ja, versprach ich und wollte aufstehen. Ich dachte, er ließe mich jetzt gehen.

»Warte. Ich bin noch nicht zu Ende.« Er langte in eine Schreibtischschublade. »Sieh dir einmal das an.«

Er gab mir ein Schwarzweißfoto. Es war ziemlich verblasst. Es zeigte eine große Schildkröte und ein altmodisch gekleidetes Kind mit sehr kurz geschnittenen Haaren und Hosen, die am Knie aufhörten.

»Das bin ich«, sagte er. »Da bin ich ungefähr so alt wie du jetzt. Das da war meine Schildkröte Methusalem. Ich hatte sie Methusalem getauft, weil ich hoffte, sie würde dann hundert Jahre oder älter werden. Sie hat ganz gesund gelebt. Sie hat alle Sorten Salat gefressen. Eisbergsalat war ihre Lieblingssorte. Und sie hat immer eine ordentliche Portion Hamburger verdrückt, gekocht oder roh. Sie durfte frei in der Wohnung herumlaufen. Sie hat Bäder genommen in der Badewanne und Nickerchen und lange Schläfchen unter unseren Betten gehalten.

Tja, eines Tages kam ich dann vom Sporttraining nach Hause. Meine Mutter sah verweint aus. Sie sagte: ›Oh, Luigi‹ – so heißt Louis auf Italienisch –, ›es ist etwas Schlimmes passiert.‹

›Nein!‹, sagte ich und fing an zu weinen. Mein Vater lag da gerade seit einer Woche mit einer Lungenentzündung im Krankenhaus. Ich klammerte mich an meine Mutter. Und …« Herr Bruzzo beugte sich über den Schreibtisch und fragte mich mit leiser Stimme: »Willst du wissen, worum ich gebetet habe?«

Natürlich wollte ich das wissen.

›Bitte, lieber Gott, lass meiner Schildkröte nichts passiert sein.‹ Na ja, dreimal auf Holz geklopft …«, er klopfte an seinen Schreibtisch, »bald ging es meinem Vater wieder besser und er kam nach Hause. Er strotzt vor Gesundheit, auch heute noch.«

»Und Methusalem?«, fragte ich, obwohl ich die Antwort irgendwie schon wusste.

»Sie ist gestorben. Mir steht das alles immer noch sehr lebendig vor Augen. Also verstehe ich, was du wegen Schnurrhaar gerade durchmachst.«

Einen Augenblick lang schwiegen wir beide. Dann sagte er. »Tu mir bitte einen Gefallen: Behalte die Methusalemgeschichte für dich. Sie ist sehr persönlich.«

Ja, das konnte ich verstehen.

Er stand auf. »So, geh jetzt wieder in deine Klasse. Sag Frau Feld, dass die Sache von mir aus damit erledigt ist.« Er drohte mir mit dem Finger. »Aber von jetzt an passt du besser auf deine schnelle Faust auf.« Seine Stimme klang wieder dröhnend laut. Doch als ich zur Tür hinausging, lächelte er mir zu und ich erwiderte sein Lächeln.

Das Porträt von Schnurrhaar

»Gott sei Dank siehst du schon nicht mehr ganz so deprimiert drein«, sagte Frau Gallo, als ich an dem Nachmittag nach Hause kam. »Ist das Ende der Welt verschoben worden?« Und sie gab mir ein Paket – mit dem Poststempel von Papas Wohnort! »Da, das ist mit der Post gekommen, für dich.«

Ich riss es auf. Darin war eine Schachtel mit Malstiften, insgesamt acht: rot, blau, orange, lila, gelb, grün, schwarz und weiß. Außerdem ein großer Malblock, fast so groß wie ein Poster. Und ein Zettel:

Liebe Becky-Buh,
in letzter Zeit habe ich mit Malstiften wie diesen gearbeitet. Sie sind phantastisch. Hoffe, du findest sie auch gut.

Neunzig Küsse, hundert Umarmungen.
dein Papa-oh.

Ich probierte die Stifte gleich aus. Sie gingen leicht und weich. Die Farben leuchten, fast wie Ölfarben, wie richtige Künstler sie benutzen, aber sie verlaufen nicht ineinander. Und das Papier ist so eine Sorte, wo man direkt auf dem Block arbeiten kann und die Farbe nicht von einem Blatt aufs nächste auswäscht. (So sagen die Künstler dazu, wenn das passiert.) Ich malte Kleckse und Männchen und machte verschiedenfarbige Muster aus Kreisen, Streifen, Tupfern, Blumen und Gesichtern.

Dann kam Leah in mein Zimmer. Leah ist ungefähr gleich gefärbt wie Schnurrhaar: schwarzes Fell mit ziemlich genau solchen weißen Flecken. Aber sie hat eine andere Art, sich zu bewegen, so als machte sie Tanzschritte. Ich wollte, ich könnte es malen.

Sie sprang auf die Fensterbank und schaute nach draußen. Ich machte mich mit Malblock und Stiften ans Werk. Stillsitzen ist leichter zu malen als Bewegung. Ich kam nicht sehr weit. Nach einer Minute sprang sie wieder hinunter.

»Spring wieder rauf, Leah, bitte.«

Sie sah mich aus schmalen Augenschlitzen an, als wollte sie sagen: Ich versteh nicht, was du von mir willst. Aber ich glaube, sie verstand sehr wohl, sie hatte nur keine Lust dazu.

»Dann komm her«, sagte ich.

Sie kam, schmiegte sich kurz an mich, dann lief sie zur Tür hinaus. Immer ist sie auf dem Sprung.

Es machte Spaß, mit den Stiften zu malen. Ich fing auf dem nächsten Blatt an. Wieder nahm ich dazu den schwarzen Malstift. Ich ließ meine Hand mit dem Stift nach Belieben übers Blatt wandern. Heraus kam eine gebogene Linie – der Anfang von was? Ich wusste es noch nicht. Dann ein auf den Kopf gestelltes V. Und dann noch eine kürzere Linie und wieder ein V verkehrt herum. Wie zwei Ohren, die abstehen. Es fing an, nach einem Katzenkopf auszusehen. Nicht das Gesicht einer bestimmten Katze. Einfach ein gewöhnliches Katzengesicht.

Dann packte mich durch und durch diese gewaltige, ungeheure Sehnsucht und ich wusste nicht, was tun.

Ich stand auf und wanderte in meinem Zimmer umher. Vor der Kommode blieb ich stehen. Ich machte meine Pulloverschublade ganz weit auf, bückte mich und steckte das Gesicht hinein. Ich schmiegte die Wange an den blauen Angorapullover und verharrte so eine Weile.

Dann holte ich Malblock und Malstift, und ich stand da und malte die Kommodenschublade so, wie sie aussieht, wenn man von oben hineinsieht. Das war das Allerschwierigste. Ich verbrauchte dafür drei Blätter. Schließlich sah es allmählich aus wie eine Schublade, aber sie war noch nicht groß genug. Also legte ich den Malblock quer und fing noch mal von vorn an und malte über die ganze Breite des Papiers.

Als Nächstes brauchte ich einen Bleistift. Ich ging hin und spitzte einen an. Mit dem Rücken an der Kommode setzte ich mich auf den Fußboden. Ich schloss die Augen und konzentrierte mich ganz fest. Dann malte ich eine Katze in die Schublade. Sie war nicht krank oder verletzt, sie kuschelte sich eben nur in die Pullover.

Bei den meisten meiner Bleistifte ist der Radiergummi abgekaut. An diesem war der Radiergummi zum Glück noch dran. Ich brauchte ihn nämlich. Denn ich musste ziemlich viel radieren. Schließlich saßen die Ohren richtig, die Augen standen weit genug auseinander und der Schwanz war genau richtig unter ihr zusammengerollt.

Ich ging mit der Zeichnung an meinen Schreibtisch und nahm die Markerstifte zu Hilfe, um das Bild auszumalen. Schwarz – der schwarze Stift malte noch immer seidenweich – für den Großteil des Fells. Weiß für den Fleck um Mund und Kinn, für die Vorderpfoten und die Hinterbeine. Ein rosa Markerstift war nicht dabei. Also nahm ich für das Maul und innen für die Ohren einen rosa Malstift.

Die grün-gelben Augen waren am schwersten zu malen. Am besten gelangen mir die Augenbrauen, die nach oben zeigen, und die langen weißen Schnurrhaare, die nach unten gebogen sind. Die waren leicht. Die machten Spaß.

Als das Bild fertig war, ging ich hin und zeigte es Frau Gallo. Sie war überrascht. »He, sieh sich einer das an! Seit wann kannst du so gut malen?«

Als Einziges bekrittelte sie, wo ich den Titel hingeschrieben hatte. »Du hast ihn viel zu weit nach rechts gesetzt.« Sie findet, die Titel von Bildern müssten haargenau in der Mitte stehen.

Statt es einfach nur SCHNURRHAAR zu nennen, änderte ich es um in BECKY SUSLOWS SCHNURRHAAR. Damit stand der Titel ein gutes Stück weiter zur Mitte hin.

Mein Ein und Alles für immer und ewig

An dem Abend hatte Mama eine Verabredung mit Peter. Aber statt dass er herkam und sie abholte, wollten sie sich in einem Restaurant treffen. Mama dachte, dass ich wohl keine große Lust hatte, ihn zu sehen. Da lag sie richtig!

Also nahm ich an, dass sie spät nach Hause kommen würde und dass ich dann wahrscheinlich schon schlief. Aber um Viertel nach sechs, ihre übliche Zeit, kam sie hereinmarschiert.

»Mama! Da bist du ja! Wie kommt denn das? Gehst du denn nicht mit Peter aus?«

»Doch, später. Aber erst brauche ich noch etwas.«

»Was denn?«

Wir standen im Flur. Sie zeigte auf den Lehnsessel. »Ein Weilchen mit dir zusammen darin sitzen.«

»Du?«

»Sicher. Dachtest du, du wärst die Einzige, die das braucht?«

So hatte ich es noch nie betrachtet.

Also verbrachten wir unsere Zeit miteinander – womit ich nicht im Mindesten gerechnet hatte!

»Wie ist es dir heute so ergangen?«, fragte sie.

»Na ja, der Tag fing gleich schlecht an …«

Sie legte ihre Wange an meine. »Du meinst, weil du beim Aufwachen an Schnurrhaar gedacht hast?«

»Ja. Und außerdem noch etwas: Ich musste zu Herrn Bruzzo ins Büro kommen.«

Mama setzte sich auf. »Und warst du?«

»Reg dich nicht auf, Mama. Es ist alles in Ordnung. Es war gar nicht so schlimm, wie ich dachte. Herr Bruzzo war ziemlich verständnisvoll. Und du musst deswegen auch nicht mehr zur Schule kommen.«

»Deswegen? Was heißt deswegen? Was hast du angestellt?«

»Hm, ich hab gestern einen Jungen aus meiner Klasse gehauen, du kennst ihn nicht, Jason Abeloff...«

»Das sieht dir aber gar nicht ähnlich. Wie ist es denn dazu gekommen?«

»Na ja, Melanie, Kyra und ich haben uns unterhalten, und da kam er an, hat sich eingemischt. Er hat gesagt ...«

Mama wartete. Dann sagte sie: »Es muss ja ganz was Schlimmes gewesen sein.«

»War es auch. Sag mal, Mama, ist es in Ordnung, wenn ich es dir nicht erzähle?«

Mama hatte ihre Arme um mich gelegt. Wir saßen eng aneinander geschmiegt. »Ja, das ist in Ordnung«, sagte sie. »Es gibt immer wieder Dinge, die man für sich behalten will. Auch unter Leuten, die einander so gern haben wie wir beide.«

»Das finde ich auch.« Plötzlich fühlte ich mich durch und durch wieder gut. Ich hatte schon gedacht, dass ich mich nie wieder so fühlen würde. Mama hat wohl das Gleiche empfunden.

»Mama! Warte noch, bis ich dir das Geschenk gezeigt habe, das ich heute bekommen habe, super Kunstmalstifte und …«

Leah kam mit ihren Tanzschritten in den Flur. Ich nahm sie zu uns auf den Schoß und brachte sie dazu, dass sie sich eine Minute lang still verhielt. Dann sprang sie hinunter und fing an sich zu putzen und zu lecken, dass ihr Fell noch glänzender und weicher aussah.

Mama sagte: »Ich muss mich auch herausputzen.« Ihr gefällt das Wort, sie findet es lustig.

»Du bist doch schon schön, Mama«, sagte ich. »Warte, steh noch nicht auf, ich muss dir etwas zeigen.«

Ich ging das Bild holen. Aber als ich es mir ansah, war ich mit dem Titel nicht zufrieden. Nicht, weil er nicht genau in der Mitte stand. Das ist nicht so wichtig.

In meinem Kopf stieg das Bild auf von damals, als wir Schnurrhaar zum ersten Mal zu Gesicht bekamen, Mama und ich, da oben auf dem Dach von unserem Haus. Es war Sommer. Wir waren hinaufgegangen, um die paar Pflanzen zu gießen, die Mama dort hielt. Und da kam diese wunderbare Katze hinter einem der Schornsteine hervor. Sie kam zu uns beiden gelaufen.

Also gehörte auch Mamas Name auf das Bild. Ich schrieb ihn dazu.

BECKY UND NAOMI SUSLOWS SCHNURRHAAR

Mama zog die Luft ein. »Oh, Bekka!« Sie betrachtete das Bild endlos lange. Daran spürte ich, dass es ihr gefiel.

Jetzt ist das Bild gerahmt. Mama hat es mit zu dem Rahmengeschäft genommen, zu dem auch Papa und ein paar von seinen Malerfreunden immer gegangen sind. Der Rahmen ist schwarz mit winzigen Sprenkeln Gold darauf.

Wir haben das Bild in den Flur gehängt. Manchmal, wenn wir dort zusammen sitzen, schauen wir es an. Und jeden Tag, wenn ich von der Schule nach Hause komme, sehe ich es dort hängen.

Kinderbücher ab 8

Paul Biegel
Die Rote Prinzessin
OMNIBUS Nr. 20035
Soll die Prinzessin mit den Räubern ziehen oder Königin werden? Ein zeitloses Märchen für groß und klein.

Thorbjörn Egner
Die Räuber von Kardemomme
Mit vielen Illustrationen des Autors
OMNIBUS Nr. 20226
Kardemomme ist eine liebenswerte Stadt, in der die Leute gern fröhlich sind, viel singen und lachen – wenn es da nicht die drei Räuber gäbe ...

Angelika Feilhauer (Hrsg.)
Der rote Witz-Omnibus
Mit Cartoons von Wilfried Gebhard
OMNIBUS Nr. 20224
Über 400 Witze zum Kringeln, Prusten und Kranklachen unter dem Motto »Oh, diese Erwachsenen – oh, diese Kinder!«

Hans Manz
Schöne Träume
Illustriert von Susann Opel-Götz
OMNIBUS Nr. 20117
Sieben phantastische Gutenachtgeschichten von allerlei Tieren und Menschen zum Lesen, Vorlesen, Weiterspinnen – auf jeden Fall für schöne Träume.

Johannes Paul
Mein unverbesserlicher Papa
Illustriert von Frantz Wittkamp
OMNIBUS Nr. 20217
Nicht alltägliche Alltagsgeschichten von einem liebenswert-chaotischen Vater, gesehen mit den Augen der Tochter. Ein Buch für Kinder *und* Eltern.

Heinz Sakowski
Katja Henkelpott
Illustriert von Erhard Dietl
OMNIBUS Nr. 20216
Katja zieht zu ihrer Oma, die im schönsten Dorf der Welt lebt. Dort muß sich das pfiffige Mädchen mit den Henkelzöpfen dringend um einiges kümmern ...

Angela Sommer-Bodenburg
Anton und der kleine Vampir – Fröhliche Weihnachten!
Illustriert von Magdalene Hanke-Basfeld
OMNIBUS Nr. 20120
Anton soll Rüdiger und Anna zu Weihnachten einladen – aber paßt das zusammen: Vampire und Weihnachten? Und was soll man ihnen schenken?

Angela Sommer-Bodenburg
Florians gesammelte Gruselgeschichten
Illustriert von Helga Spieß
OMNIBUS Nr. 20138
Das beste Rezept für den kranken Florian sind Gruselgeschichten von Geistern, Vampiren, Werwölfen und außerirdischen Lebewesen – die Autorin von »Anton und der kleine Vampir« erzählt sie mit Augenzwinkern ...

OMNIBUS
Der Taschenbuchverlag für Kinder und Jugendliche
von C. Bertelsmann

Kinderbücher ab 10

Rudolf Herfurtner
Rosalinds Elefant und Rudis Rakete
Illustriert von Reinhard Michl
OMNIBUS Nr. 20122
Rudolf Herfurtner, ein sensibler Erzähler, hat ein schönes Kindheitsbild aus der Nachkriegszeit, aber auch ein dem Lesealter angepaßtes Zeitdokument geschrieben.

Uta Koppel
Katja Pfifferling
Band 1 der Serie
OMNIBUS Nr. 20090
Katja schreibt alles, was sie bewegt, in ihr "Geheimbuch", aber auch, was sie mit Mam, Paps, den Zwillingen und Freundinnen so erlebt ...

Uta Koppel
Katja Pfifferling in Venedig
Band 2 der Serie
OMNIBUS Nr. 20092
Katja darf zu Tante Maria nach Venedig fahren. Natürlich hat sie ihr "Geheimbuch" dabei - schließlich will sie die lustigen und traurigen Erlebnisse aufschreiben ...

Merete Kruuse
Schluderike
Illustriert
OMNIBUS Nr. 20005
Die 12jährige Rike und ihre Altersgenossen werden in der Schule von den Großen ständig überstimmt; deshalb gründen sie eine eigene Schülerzeitung ...

Jean Little
Alles Liebe, Deine Anna
OMNIBUS Nr. 20006
Annas Familie wandert Anfang der 30er Jahre nach Kanada aus. Dort endlich findet das sehbehinderte Kind zu sich selbst. - Ausgezeichnet mit dem Jugendbuch-Preis "Die silberne Feder" des Deutschen Ärztinnenbundes!

Günter Rudorf
Ali und die Spaghettibande
Band 1 der Serie
Illustriert von Ingeborg Haun
OMNIBUS Nr. 20065
Ali gerät durch Zufall einem aufregenden Geheimnis auf die Spur: Diamantenschmuggel! Klar, daß dies ein Fall für die pfiffige Spaghettibande ist. - Mit 13 leckeren Spaghettirezepten!

OMNIBUS
Der Taschenbuchverlag für Kinder und Jugendliche
von C. Bertelsmann

Kinderbücher ab 8

Nesthäkchen

von Else Ury

Seit Generationen verschlingt eine begeisterte Leserinnenschaft diese klassischen Mädchenbücher, in denen der Lebensweg der Berliner Arzttochter Annemarie Braun von den Anfängen als Puppenmutter bis hin zur fröhlichen Urgroßmutter geschildert wird. Der burschikose Wildfang, der Ärztin werden und nicht heiraten will, wird dann eben doch zu einer treusorgenden Ehefrau, Mutter und Großmutter, die kleine Alltagssorgen mit Witz und Spucke meistert.

Band 1 OMNIBUS Nr. 20298
Nesthäkchen und ihre Puppen

Band 2 OMNIBUS Nr. 20299
Nesthäkchens erstes Schuljahr

Band 3 OMNIBUS Nr. 20300
Nesthäkchen im Kinderheim

Band 4 OMNIBUS Nr. 20301
Nesthäkchens Backfischzeit

Band 5 OMNIBUS Nr. 20302
Nesthäkchen fliegt aus dem Nest

Band 6 OMNIBUS Nr. 20303
Nesthäkchen und ihre Küken

Band 7 OMNIBUS Nr. 20304
Nesthäkchens Jüngste

Band 8 OMNIBUS Nr. 20305
Nesthäkchen und ihre Enkel

Band 9 OMNIBUS Nr. 20306
Nesthäkchen im weißen Haar

OMNIBUS

Der Taschenbuchverlag für Kinder und Jugendliche
von C. Bertelsmann